RÉFLEXIONS

SUR L'IMPORTANCE

DES ÉLECTIONS

DE 1815,

Par M. le Comte Woldemar DE BRANCAS.

A VERSAILLES,

DE L'IMPRIMERIE DE J.-A. LEBEL,

IMPRIMEUR DU ROI.

Août 1815.

RÉFLEXIONS

SUR L'IMPORTANCE

DES ÉLECTIONS

DE 1815.

~~~~~~~~~~~~~~~~

La France est donc appelée à se juger elle-même solemnellement en présence de l'Europe, mais non sous son influence. L'année dernière on vit un Roi, à peine assis sur son trône, appuyer fortement, par la seule force d'une vertueuse diplomatie, les droits d'un autre Roi, jouir d'une véritable influence par l'idée qu'il avoit imprimée aux puissances de son noble caractère, et leur donner la plus solide garantie de leur repos dans la persévérance de sa justice pour les principes européens.

Cette année, cette garantie que les
~~~~~~~~~~~~~~~~

Souverains trouvent avec tant de raison dans le Roi, la France est desti-
née à la compléter en retrouvant sa
moralité politique ; c'est par les choix
qu'elle va faire que les peuples appren-
dront si elle sait tous les malheurs qui
seroient fondus sur elle, et si elle comprend bien tout le bonheur que lui
promet l'avenir.

Assurément la plus grande latitude
est laissée au choix des Français. « Je
» veux, a dit le Roi, que ces élections
» soient l'expression de l'opinion actuelle
» de mes peuples ». La dernière chambre des députés que proscrivit Buonaparte, que le Roi n'avoit pas choisie,
mais qui avoit mérité son estime par
la franchise de ses discussions, cette
chambre eût pu être rappelée , elle
eût prouvé à la nation qu'elle s'étoit
occupée d'elle dans un travail impor-
tant sur l'impôt. Mais non, le Roi a
voulu que ceux d'entr'eux que les
Français jugeront dignes de les représenter fussent revêtus d'un mandat

nouveau. Disons-le, il a eu l'intention paternelle que ses peuples, par la pureté de leurs choix, reprissent eux-mêmes toute leur dignité devant les puissances de l'Europe assemblées, et sachant qu'il ne pouvoit y avoir de préventions contre lui, il a voulu détruire celles qui pouvoient exister contre ses enfans.

Pour prouver jusqu'à quel point il a porté l'impartialité personnelle, il a choisi pour présider des colléges électoraux plusieurs membres d'une assemblée illégalement convoquée en son absence, mais dans laquelle se firent entendre quelques voix courageuses. NUL N'EST EXCLU, TOUS PEUVENT ÊTRE APPELÉS A LA REPRÉSENTATION NATIONALE, et notre Monarque a laissé à la décision de la nation qui connoissoit le mieux les convenances, celle de savoir si elle peut élire, lorsqu'elle redevient France, partie importante de l'Europe, ceux qui ont professé les principes qui tendoient à la bouleverser.

Les électeurs qui ont concouru aux

dernières élections, ceux qui ont cru devoir s'en absenter, sont appelés sans distinction à l'importante mission de donner aux nations voisines une idée honorable de la nôtre, par le choix de ceux appelés à nous représenter.

La nomination des présidens choisis dans toutes les opinions qui nous ont divisés, dans toutes les classes utiles de la société, a donné une bien forte garantie des intentions du Roi pour tous ses enfans.

L'adjonction ordonnée est bien loin de compléter les colléges ; sans elle, plusieurs d'entr'eux eussent pu être privés d'élire des candidats à la représentation nationale. La sagesse avec laquelle le Gouvernement a usé de cette faculté que lui donnoit une loi qu'il n'avoit pas faite, a été la plus entière démonstration qu'il ne vouloit ni dominer, ni balancer l'opinion publique.

Enfin, le mode d'élection assure une sorte d'émulation entre les arrondissemens bien profitable à l'Etat, chacun d'eux ayant le désir d'avoir un avocat particulier de ses intérêts locaux, élira les citoyens les plus susceptibles d'être choisis par le grand collége, et ne pourra justement espérer d'avoir un député parmi ses candidats qu'en présentant l'homme dont les actions sont le plus avantageusement connues de tout le département.

L'indépendance la plus absolue des choix a donc été d'une manière évidente le but du Gouvernement.

Mais c'est par de bonnes élections que la France contribuera au bonheur de son Roi en travaillant au sien, qu'elle deviendra influente par sa sagesse, et qu'elle prouvera aux peuples nos alliés qu'il est également contraire au véritable caractère du peuple français de traîner des chaînes après ses triomphes, et d'en porter après ses revers.

En parlant de bonnes élections, nous n'avons pas entendu des élections faites dans une seule direction, à Dieu ne plaise! au contraire, toutes celles qui auroient cette empreinte ne porteroient pas ce caractère d'unité si nécessaire à joindre à l'unité du ministère : heureuse idée qui donne une série au bien, de la conséquence aux actes, et de la confiance aux peuples.

Nos électeurs n'auront que l'embarras du choix.

Dans la noblesse se présenteront à leur pensée délibérante, non ceux qui, n'ayant pas su modifier leurs opinions par l'expérience, n'ont pas assez fondu leurs intérêts dans ceux de la patrie ; mais bien ces hommes qui se sont de tout temps consacrés à l'Etat, qui se sont fait un devoir héréditaire d'être utiles aux contrées qu'ils habitoient, et qui, regardant le sacrifice de leur vie comme une dette envers l'Etat, ont considéré les autres comme une dépendance pénible, mais nécessaire. A cette classe se joint naturellement celle de ces braves militaires venant déposer leurs armes aux lambris paternels qui leur retracent tous les devoirs et toutes les affections du citoyen.

(9)

Dans le clergé....... Dans le clergé!
dira-t-on? Je conviendrai qu'il est plus
difficile de choisir dans cette classe, et
d'abord il en est peu qui soient pro-
priétaires; quelques-uns sont trop âgés
pour renoncer à certaines opinions, et
ceux qui sont jeunes, traversés dans leurs
études par les circonstances, éloignés de
la société par des humiliations, n'ont pu
acquérir les connoissances nécessaires à
un député; mais il en existe encore qui,
ayant réuni tous les genres de courage (1),
ont honoré le nom Français dans l'étranger, et près de l'étranger. M. de Fon-
tanges fut de ce nombre, et mérita les
profonds regrets de l'Empereur de Russie.

(1) Ici je dois consigner un fait honorable pour
le clergé. Dans les tableaux publiés au bulletin des
lois, des donations approuvées par le conseil d'Etat
de Buonaparte, donations faites à des établissemens
utiles, à des hôpitaux, à des bureaux de bienfaisance,
à des colléges, et dont le *maximum* a été, je crois,
par an de 300,000 fr., et le *minimum* de 200,000 fr.,
le clergé s'y trouve compris pour le tiers, souvent
pour la moitié, une fois pour les trois quarts, con-
sacrant ainsi le dernier morceau de son patrimoine
à l'enfance et au malheur.

Les électeurs récompenseront par leur suffrage ces magistrats dont l'inaltérable impartialité a su mériter l'estime même de ceux contre lesquels ils ont eu à prononcer. Ces hommes vertueux appréciant le respect dû aux sermens que la loi les appelle à recevoir, savent combien est sacré celui qu'ils prêtent au Souverain, et ne restent jamais muets au jour du danger (1).

Ils auront aussi des droits à leur choix, ces avocats bravant tous les dangers, et plus que cela, toutes les alarmes de leur famille, pour défendre l'innocence contre la tyrannie ; ces juges de paix sacrifiant une partie de leur revenu personnel

____

(1) Plusieurs magistrats viennent de donner des exemples de courage. La cour de cassation s'acquit, il y a quelques années des droits à l'estime générale par le célèbre arrêt qu'elle rendit, toutes les chambres assemblées, malgré les intentions bien connues de Buonaparte, et le réquisitoire du procureur général. Cet arrêt décida que tout ce qui étoit déclaré à un prêtre, à raison de son état, mais hors du confessionnal et dans quelque lieu que ce fût, lui étoit confié sous la foi du sacrement, et ne pouvoit devenir la matière d'une déposition en justice.

pour opérer des conciliations de famille; ces notaires souvent dépositaires des intérêts les plus opposés qu'ils parviennent à concilier, réprimant la cupidité de leur client, ou devenant en sa présence le conseil de celui qu'il voudroit tromper; ces négocians que l'agiotage n'ose approcher, dont le nom est respecté dans toute l'Europe, parce qu'ils n'ont jamais compromis dans des spéculations hasardées la fortune de leurs concitoyens, ni souillé par de coupables opérations leurs raisons commerciales; ces manufacturiers, conquérans pacifiques; ces employés des différentes administrations qui, en mettant la plus grande exactitude dans leur ministère, ont su y joindre des procédés qui leur ont acquis en quelque sorte le droit de cité; ces cultivateurs qui sauroient faire entendre la voix du temps et de l'expérience contre d'imprudentes théories.

Mais si toutes les classes offrent des sujets vertueux et éclairés, les colléges de département doivent fixer leur attention d'une manière plus précise sur ceux qui ont donné déjà des preuves de leur amour pour le bien public : tels sont ces préfets dont le départ fut une véritable calamité, et dont la confiance générale invoquoit le retour comme le terme de ses maux; ces maires dont les actions seront inscrites dans les fastes de l'héroïsme municipal, trop souvent interrompues depuis le magistrat de Calais, et qui, ayant bravé la mort et les dangers en 1814, sont revenus, à la voix de leurs concitoyens, se dévouer pour eux à de nouveaux périls; ces commandans de garde nationale s'arrachant de leurs foyers domestiques pour garantir ceux des autres habitans, se trouvant partout où il y avoit un danger à partager, une dissidence à prévenir, une imprudence à réparer, montrant partout la fermeté d'un militaire, la prudence et la sensibilité d'un citoyen, et dont le courage véritablement civique a plus d'une fois désarmé les plus farouches guerriers; ces membres du conseil municipal, parcourant avec courage ces hôpitaux nombreux, pour porter des consolations et pour garantir leur ville d'une contagion qui seroit le comble des maux.

Nous sommes sans doute reconnoissans du bien que les autorités ont fait; mais combien ne le serions-nous pas davantage si nous savions tous les maux dont ils nous ont garantis, et dont ils ont dû garder le triste et douloureux secret!

Ceux-là ont offert de véritables garanties, ils seront les véritables fondés de pouvoirs de la nation, ils ne lui imposeront pas des sacrifices inutiles; ils n'ont pas besoin d'être turbulens pour se faire connoître; mais ils seroient, s'il en étoit besoin, courageux avec respect.

De grands maux nous restent à réparer; mais aussi quel passé et quel avenir! Nous n'aurons plus à gémir sur l'enlèvement périodique de deux cent mille hommes. La prestation de la conscription, qui coûtoit cent millions par an de remplacement, ne s'ajoutera plus à des impôts immenses. A-t-on bien réfléchi à l'énormité des taxes que percevoit Buonaparte? Je n'hésite pas à regarder comme tels, l'anéantissement des titres que l'on devoit liquider; ces banqueroutes de compagnies, forcées par le gouvernement à manquer à leurs engagemens; ces réquisitions en nature que l'on ne liquidoit jamais; ces désastres des négocians, qui retomboient sur tant de particuliers, et qui n'étoient pas la faute d'un commerce anéanti ou toujours déplacé; ces logemens continuels de gens de guerre, qui, ne permettant plus d'avoir pour eux les égards habituels, isoloient de plus en plus le militaire du citoyen; ces apprentissages commencés sans goût, parce qu'une loi désastreuse devoit les laisser sans résultat, perdus par conséquent pour la famille indigente qui y avoit consacré ses dernières ressources; ce monopole sur les denrées coloniales, et tant d'autres pertes que je pourrois énumérer; joignez à cela la pensée mise en direction générale ; la non propriété de ses enfans entraînés vers un seul état, ajoutée à l'incertitude de son existence...... Notre position ne devoit-elle pas fixer l'attention de l'Europe, puisqu'on y trouvoit d'une part les plus savantes conceptions du despotisme, et de l'autre l'espoir le mieux fondé de le détruire par l'anarchie : combat inévitable dans lequel les forces divisées en apparence, se réunissoient toujours pour nous enchaîner ? Les puissances ont donc dû craindre ce contact dangereux, et tout faire pour s'en garantir.

Mais si les électeurs sentent toute l'importance et la responsabilité de leur mission ; si, placés dans une position qui ne se renouvellera jamais, ils comprennent bien que notre tranquillité n'est pas seulement un patrimoine désirable, mais qu'elle nous est une propriété indivise avec l'Europe ; si, secondant par de bons choix la réunion si remarquable d'un Roi éclairé dont nous retrouvons la clémence jusque dans sa justice, et d'un ministère dont

chaque acte est rassurant, qui comprend
que les révolutions, fertiles en faits dé-
plorables, produisent dans les choses de
bons résultats ; si enfin le titre, je ne
dis pas même de député, mais de can-
didat, en devient un certain à la consi-
dération publique, alors, en paix au de-
dans, considérés au dehors, le passé ne
sera plus pour nous qu'un songe douloureux.